ALICE **19th**

- Yuu Watase -

5

ALICE 19th

ALICE SÉNO
LOTIS MASTER

EN CLASSE DE SECONDE. ELLE EST AMOUREUSE DE KYÔ.

KYÔ WAKAMIYA
LOTIS MASTER

EN CLASSE DE PREMIÈRE. OFFICIELLEMENT LE PETIT AMI DE MAYURA, LA GRANDE SŒUR D'ALICE.

UN MATIN, ALICE SÉNO SAUVE UN LAPIN QUI ALLAIT SE FAIRE RENVERSER PAR UNE VOITURE. CE LAPIN SE TRANSFORME EN FILLE ! ELLE DIT S'APPELER NYOZÉKA ET APPREND À ALICE QUE CELLE-CI EST UN "LOTIS MASTER". N'Y CROYANT PAS, ALICE ENVOIE MALENCONTREUSEMENT SA SŒUR MAYURA DANS LE MONDE DES TÉNÈBRES DE SON PROPRE CŒUR. AIDÉE DE KYÔ WAKAMIYA ET DE FREY, ELLE COMMENCE UN COMBAT CONTRE LES "MAARAS". ALICE RÉUSSIT FINALEMENT À RAMENER MAYURA. MALHEUREUSEMENT, CELLE-CI HÉBERGE DANS SON CŒUR, DARVA, UNE CRÉATURE DÉMONIAQUE. ELLE JETTE UN SORT, "MUDORU", À KYÔ, QUI EMPÊCHE ALICE DE LUI RÉVÉLER SES SENTIMENTS. ALICE ET KYÔ ACCEPTENT DE DEVENIR DES "NÉO MASTERS" POUR CONTRER DARVA. C'EST ALORS QU'UN NOUVEAU MASTER, CHRIS, LEUR PROPOSE D'EMMÉNAGER ENSEMBLE POUR REGROUPER LEURS FORCES !

FREY
LOTIS MASTER

TRÈS FAMILIER. IL APPELLE ALICE, "MA FEMME".

NYOZÉKA

MYSTÉRIEUSE LAPINE.

C'EST MOI.

TONTON ? MAKI ?

C'EST BIZARRE... QU'EST-CE QUI SE PASSE ?

WAH !

5

8

TU ES UN MAARAM MASTER ?!

MAIS ALORS... ET MA SŒUR ?!

MAÎTRE MAYURA SE TROUVE ENCORE DANS LE TOCHÔ.

OUI... MAYURA RENCONTRAIT QUELQU'UN LORSQU'ON L'A EUE AU TÉLÉPHONE.

ALORS J'AI MIS MON CORPS À SA DISPOSITION.

ELLE N'A PAS ENVIE QUE VOUS PUISSIEZ PÉNÉTRER SON INNER HEART.

MAIS ELLE SOUHAITAIT CEPENDANT VOUS VOIR, ALICE.

QUELLE CHALEUR ! (J'ÉCRIS CECI ALORS QUE NOUS SOMMES LE 2 SEPTEMBRE). DANS MA TÊTE, J'AI DÉPASSÉ LE STADE DE L'OURSIN POUR DEVENIR UNE AMIBE, ALORS J'AI DU MAL À ÉCRIRE (RIRES).

"ALICE" EN EST AU 5ème TOME ! MAYURA Y VA DE PLUS EN PLUS FORT. ALICE ET KYÔ ONT DE LOURDES RESPONSABILITÉS, MAINTENANT. DANS LE TOME PRÉCÉDENT, ALICE ET KYÔ ONT ACQUIS DE NOUVEAUX COSTUMES. FREY ET LES AUTRES GUIDES SACRÉS PORTENT RÉELLEMENT CES HABITS CAR CE SONT LEURS "VÊTEMENTS DE FONCTION". ALORS QUE POUR ALICE ET KYÔ, IL NE S'AGIT QUE D'UN HABILLAGE SPIRITUEL. SEULS LES AUTRES LOTIS ET MAÂRAM MASTERS PEUVENT VOIR CES "VÊTEMENTS". LA FRONTIÈRE ENTRE RÉEL ET ILLUSION N'EST PAS TRÈS NETTE ; À CHACUN SON INTERPRÉTATION.

MAIS BON, C'EST UNE ŒUVRE DE "FANTASY" (NE PARTEZ PAS !).

LES PROBLÈMES QU'ALICE DOIT AFFRONTER SONT À L'ORIGINE DUS À SA DOCILITÉ EXAGÉRÉE. MALGRÉ ÇA, ELLE EST VOTRE PERSONNAGE PRÉFÉRÉ. VOUS ÊTES NOMBREUSES À VOUS IDENTIFIER À ELLE.

CHANGEONS DE SUJET... L'AUTRE JOUR, MON ASSISTANTE M'A DIT : "CE SERAIT GÉNIAL S'IL Y AVAIT UN JEU DE CARTES D'ALICE !" (RIRES)

IL Y AURAIT 24 CARTES POUR LES MOTS DES LOTIS. IL POURRAIT Y AVOIR UNE CARTE HIRONDELLE QUI SERAIT FAIBLE TOUTE SEULE, MAIS QUI DEVIENDRAIT FORTE SI ON LA COMBINAIT AVEC CHRIS ! LES JOUEURS CHOISIRAIENT QUELS MASTERS ILS VEULENT ÊTRE, ON EN AVAIT DÉJÀ DISCUTÉ SUR "FUSHIYÔ", MAIS RIEN N'A ÉTÉ FABRIQUÉ.

EFFECTIVEMENT, IL FORME LITTÉRALEMENT UN MUR AUTOUR DE MON CŒUR.

GRÂCE À LA PUISSANCE DE DARVA.

ET UNE FOIS QU'IL AURA LIBÉRÉ TOUT SON POUVOIR, JE N'AURAI PLUS RIEN À CRAINDRE.

14

EN CE QUI CONCERNE ALICE...

JE FERAI PRENDRE LES AFFAIRES D'ALICE TOUT À L'HEURE.

PARDON POUR LE DÉRANGE-MENT.

...ELLE A ENFIN CHOISI DE SUIVRE SA VOIE.

CHAQUE ÊTRE HUMAIN VIENT AU MONDE AVEC UNE MISSION À ACCOMPLIR.

FAITES BIEN ATTENTION AU COMPORTEMENT DE MAYURA.

"POURQUOI C'EST TOUJOURS SUR NOUS QUE ÇA TOMBE ?"

"IL N'Y A PERSONNE DU CÔTÉ DE SA MÈRE QUI POURRAIT S'EN CHARGER ?"

"IL SE VANTE D'AVOIR DE MEILLEURES NOTES QUE NOTRE FILS."

"QUELLE PLAIE, CE GARÇON !"

"AU LYCÉE ÇA VA ÊTRE PIRE. ÇA NE SERA PAS BON POUR NOTRE IMAGE."

KYÔ...

KYÔ !!

FREY...

TIENS BON ! NE TE LAISSE PAS ENTRAÎNER DANS LES TÉNÈBRES !!

20

MAKI ?!

QUELQU'UN A UTILISÉ UN MAARAM POUR CORROMPRE SON CŒUR.

MES MOTS ONT MARCHÉ.

NE T'INQUIÈTE PAS. LE MAARA A QUITTÉ SON CORPS.

...ÇA M'A CREVÉ LE MIEN.

ELLE M'A DIT CE QU'ELLE AVAIT SUR LE CŒUR.

KYÔ... TU...

JE LE SAVAIS DÉJÀ, MAIS...

C'EST PARCE QUE TU AS DÉJÀ DÉTRUIT UNE FOIS LEURS MAARAS AVEC LE LOTIS.

POURQUOI CELA A-T-IL ÉTÉ AUSSI FACILE AVEC MES PARENTS ?

ÇA FAISAIT LONGTEMPS QU'ON NE L'AVAIT PAS VUE SOUS SA FORME DE PELUCHE.

STUART ! POURQUOI ROULEZ-VOUS SI LENTEMENT ?

LES MAARAMS NE MARCHENT PLUS TRÈS BIEN SUR EUX.

SI SEULEMENT ON POUVAIT ENSEIGNER LES LOTIS À TOUT LE MONDE...

À CAUSE DE ÇA, MONSIEUR !

J'ESPÈRE QUE KYÔ VA BIEN.

QUE SIGNIFIE CET ATTROUPEMENT ?!

KYÔ...

MAIS...

AUCUNE PERSONNE ÉTRANGÈRE NE PEUT Y PÉNÉTRER.

PRENDS GARDE ! CES FLAMMES, C'EST "SURA". MES MOTS N'ONT EU AUCUN EFFET !

FREY ?!

TON ONCLE ET TA TANTE SONT TA FAMILLE, BIEN PLUS QUE TU NE LE CROIS !!

KYÔ ! SEULS TES MOTS PEUVENT LE RAMENER À LA RAISON !!

MA FAMILLE ?!...

ET POURQUOI MON ONCLE SERAIT-IL EN COLÈRE ?

CE N'EST PAS VRAI !! SINON, POURQUOI MAKI M'AURAIT-ELLE DIT ÇA ?!

ILS ÉTAIENT TOUS PAREILS ! POURQUOI M'INVITER CHEZ EUX SI JE LES GÊNAIS ?! JE FERAIS MIEUX DE PARTIR !!

N'AS-TU PAS PROMIS À TA SŒUR...

...QUE TU LE PROTÉGERAIS ?!

"JE T'EN PRIE, YÛKI. PROMETS-MOI QUE TU LE PROTÉGERAS SI JE MEURS."

"JE N'AI QUE TOI."

MAIS JUSTEMENT ! C'EST BIEN POUR ROMPRE CETTE CHAÎNE QUE TU L'AS ADOPTÉ, NON ?!

JE SAIS QU'AU FOND DE MOI J'AI REGRETTÉ QU'ON NE VIVE PAS QUE TOUS LES DEUX !!

JE SORTAIS À PEINE DE L'UNIVERSITÉ.

ET PUIS, C'EST LE FILS DE L'HOMME QUI A TORTURÉ MA SŒUR.

C'EST VRAI, JE NE TE FAISAIS PAS CONFIANCE.

AU DÉBUT, J'AI CRU QUE TU ÉTAIS COMME TOUS LES AUTRES.

TONTON...

"NOUS SOMMES UNE FAMILLE."

PENDANT CINQ ANS, IL NE S'EST PAS SOUCIÉ DE MON SORT.

M'ADOPTER ?

POURQUOI MAINTENANT ?

ET TU AS TENU LA PROMESSE FAITE À MAMAN.

MAIS EN CINQ ANS, TU NE M'AVAIS PAS OUBLIÉ.

MERCI,
TONTON.

JE SUIS
QUAND
MÊME
HEUREUX...

MERCI
POUR TOUT
CE QUE
TU AS FAIT
JUSQU'À
PRÉSENT !

CAR
OÙ QUE
J'AILLE...

...VOUS SEREZ
TOUJOURS
MA FAMILLE...
CROIS-MOI.

IL EST TRÈS DIFFICILE D'ACCORDER SA CONFIANCE À QUELQU'UN.

MAIS AVEC SA FAMILLE OU AVEC LES AUTRES, C'EST EN FAISANT CONFIANCE QUE TOUT PEUT COMMENCER.

C'EST POUR ÇA QUE JE VEUX FAIRE CONFIANCE À MA SŒUR.

JE DOIS Y ALLER...

...TONTON.

19 ans

1,82m

Gémeaux

Groupe sanguin B

Hobbies : faire de la confiture et jardiner

Originaire de Norvège

Signe particulier : une tresse à trois brins
du côté gauche. C'est un style propre
aux guides sacrés de la branche nord
du sanctuaire de Lotsan duquel il
dépend. Les disciples se coiffent ainsi
en hommage au tout premier guide à
avoir acquis les Lotis.

C'est un jeune homme enjoué et
coureur
de jupons. Il a l'air frivole, mais il
possède un côté sérieux et réfléchi.

C'est un master très puissant.

Il a des sentiments pour Alice, mais
dans sa lutte contre Darva, il sait garder
sa position de guide sacré. Son passé
semble receler quelques mystères...

FREY WILHAZEN

第五章

Be Jealous
Amour perdu

WOOH !

PARDON, PROFESSEUR !! J'AI EU DU MAL À DORMIR, HIER SOIR !!

QU'EST-CE QUE TU FAIS LÀ ?!

LA ZONE DU TOCHÔ EST INTERDITE AU PUBLIC !

HEIN ? ICI ?

TU DORMAIS !

WOOH !

C'EST PAS MOI !! J'AI RIEN FAIT !!

HOW

HEIN ?

AH OUI. ET APRÈS, JE T'AI SUIVIE...

EUH, NON... C'EST KYÔ QUI ME L'AVAIT DEMANDÉ.

ON EST ARRIVÉS AU TOCHÔ, ET APRÈS, JE NE ME RAPPELLE PLUS...

TOUT VA BIEN... MAIS DIS-MOI, KAZUKI, TU AS PASSÉ TOUTE LA NUIT LÀ ?

TOU... TOUTE LA NUIT ?!

TU NE TE SOUVIENS PAS ? ON S'EST VUS HIER À LA GARE DE SHINJUKU.

ET L'HISTOIRE AVEC TA SŒUR, OÙ ÇA EN EST ?

HEIN ?!

JE SUIS REPARTIE, ET PUIS IL Y A EU COMME UNE EXPLOSION.

APRÈS, MOI, J'AI RENCONTRÉ DES AMIS AU BELVÉDÈRE.

ELLE EST AVEC KYÔ...

HÉ ?!

MAIS ALLONS AILLEURS ! LA POLICE POURRAIT REVENIR !

AH... D'ACCORD.

JE VAIS TOUT T'EXPLIQUER.

45

AH...

C'EST L'HEURE...

KRAK
SANG FROID
KRAK

HIIII !

ET MONSIEUR FREY A DES INVITÉS.

...DU THÉ ! MONSIEUR VOUS ATTEND !

PAF

ROLIRO-IROLI !

DES INVITÉS ?

CE SONT MES AÎNÉS DU SANCTUAIRE ! ILS M'AVAIENT APPORTÉ LES MIROIRS DE LOTA.

VOUS ÊTES LES FAMEUX NÉO MASTERS DE LA PROPHÉTIE !

C'EST UN GRAND HONNEUR DE VOUS RENCONTRER !!

IL EST L'HEURE POUR NOUS DE PARTIR POUR L'AÉROPORT. EXCUSEZ-NOUS DE VOUS AVOIR DÉRANGÉS.

MAIS PAS DU TOUT. N'HÉSITEZ PAS À REVENIR.

IL FAUDRA ABSOLUMENT QUE VOUS VENIEZ AU SANCTUAIRE ! TOUT LE MONDE EN SERAIT BOULEVERSÉ !

EUH... D'ACCORD.

IL N'ÉTAIT PAS PRÉVU QUE FREY S'EN CHARGE.

OUI BEN ON N'A PAS EU TROP LE CHOIX !

NORMALEMENT, LA CÉRÉMONIE D'ACQUISITION DES MIROIRS SE FAIT AU SANCTUAIRE.

50

FREY, CE N'EST PAS LA PEINE QUE TU NOUS RACCOMPAGNES.

PORTE-TOI BIEN.

OUI.

NOUS LAISSONS FREY AUPRÈS DE VOUS.

OU... OUI.

PRENEZ BIEN SOIN DE LUI.

ÇA ALORS ! J'ÉTAIS TRÈS TENDU DE RECEVOIR AUTANT DE CONSIDÉRATION.

MAIS OUI ! VOUS AVEZ BIEN VU LEUR RÉACTION !

VRAI- MENT ?

C'EST NORMAL, VOUS ÊTES LE PRINCIPAL SUJET DE CONVERSATION DES MASTERS DU MONDE ENTIER.

AH, IL S'AGIT D'ÉRIC. C'EST LUI QUI M'A FAIT ENTRER AU SANCTUAIRE, IL Y A 4 ANS.

OH !

L'UN D'EUX AVAIT L'AIR DE S'INQUIÉTER POUR TOI. ON AURAIT DIT TON GRAND-FRÈRE !

DIS, CHRIS. QUEL GENRE DE MASTERS VONT VENIR HABITER ICI ?

IL EST GÊNÉ !

IL EST GÊNÉ !

OH, ÇA VA !

J'AI 19 ANS ET IL ME TRAITE TOUJOURS COMME UN GAMIN !

52

IL N'A PAS SAISI VOS PROPOS.

EXCUSEZ-LE, MAIS MON MAÎTRE EST UN GRAND AMATEUR DE PÂTISSERIES.

OUI, JE VAIS FAIRE DE MON MIEUX.

T'ES BON POUR EN APPORTER TOUS LES JOURS DU BOULOT !

C'EST LE GÂTEAU QUE J'AI RAPPORTÉ DE LA MAISON.

TU FERAIS ÇA ?!

TOI, JE NE TE TROUVE PAS LA MÊME TÊTE QUE SUR LA PAGE PRÉCÉDENTE !

KYÔ SAIT LUI-MÊME CUISINER DES GÂ-TEAUX.

FREY, TU PARLES TROP !

57

EH BIEN, TU N'AS QU'À VENIR ME VOIR LÀ OÙ JE SUIS...

...SI TU VEUX VRAIMENT ME RENCONTRER.

TU N'AS QU'À SORTIR TOI-MÊME !

PAS QUESTION.

POURQUOI CE SILENCE ?

...

SI JE LE FAIS, TU VOUDRAS BIEN DE MOI ?

JE NE VEUX PAS ENTENDRE CES MOTS.

!

JE TE L'AI DIT. JE NE PEUX PAS RÉPONDRE À TES SENTIMENTS.

...MAIS N'IMPLIQUE PAS DES INNOCENTS DANS CETTE HISTOIRE !

MAYURA ! ÉCOUTE-MOI !

D'ACCORD, SI TU DOIS M'EN VOULOIR À VIE...

TU SAIS BIEN QUE JE SUIS AMOUREUX DE TA SŒUR...

HA

59

C'EST BIEN CE QUE JE T'AVAIS DIT.

ARRÊTE ! NE LE BLÂME PAS !!

JE VAIS LUI PARLER...

CE N'EST PAS POSSIBLE...

MAIS...

...IL SORT VRAIMENT AVEC TA SŒUR ?!

SÉNO...

CE N'EST PAS KYÔ LE COUPABLE.

...SI JE M'ACCROCHE, TU CROIS QUE JE PEUX TOUT TENTER ?

JE NE MAÎTRISE PAS ENCORE PARFAITEMENT LES LOTIS, MAIS...

QUOI ?

DIS, FREY.

TU CROIS VRAIMENT QUE "QUAND ON VEUT ON PEUT"?

QUOI DONC ?

...COMME ÇA, J'AURAI PLUS L'OCCASION DE VOIR "MAYURA".

D'HABITUDE, JE SUIS NULLE EN SPORT, MAIS...

JE VOUDRAIS...

...M'INSCRIRE AU CLUB DE KYÛDÔ !

OUPS !

ET ACCESSOIREMENT D'ÊTRE AUPRÈS DE KYÔ.

C'EST VRAI QUE ÇA M'A TOUJOURS ÉTÉ PÉNIBLE DE LES VOIR ENSEMBLE.

MAIS AVANT, MON MANQUE DE CONFIANCE EN MOI M'EMPÊCHAIT D'AGIR.

MAINTENANT, JE NE VEUX PLUS FUIR.

65

JE NE SAIS PLUS QUOI FAIRE. AIDE-MOI.

KAZUKI !

SÉNO...

C'EST MA SŒUR... MOI JE LUI FAISAIS CONFIANCE...

TU AS DÛ ENDURER ÇA TOUTE SEULE ?

HÉ !

VOUS AVEZ VU LE TRUC AU TOCHÔ ?!

OUAIS ! ÇA FAIT PEUR.

TOUT LE MONDE NE PARLE QUE DU TOCHÔ.

ILS SONT LOIN DE S'IMAGINER QUE MA SŒUR...

...EN EST LA RESPONSABLE.

SALUT, SÉNO !

OH, SA...

?

ON SE CROIRAIT DANS UNE MAISON HANTÉE !

NE T'INQUIÈTE PAS. NORMALEMENT, ILS NE NOUS ATTAQUERONT PAS.

LE POUVOIR DE MA SŒUR A FAIT SORTIR TOUS LES MAARAS DES GENS.

TODOM !! TODOM !!

CE GARÇON...

...C'EST BIEN LE COPAIN DE KYÔ ?

WOOP

2 - B

L'ÉCOLE AUSSI POURRAIT ÊTRE FERMÉE PROCHAINEMENT.

ALORS, SOYEZ TRÈS ATTENTIFS.

...AVEC TOUS CES MAARAS PARTOUT.

ÇA C'EST SÛR QUE JE VAIS FAIRE GAFFE !...

QUOI ? QU'EST-CE QU'IL Y A ?

BWAAAA

HEIN, WAKAMIYA ?

OUAIS, 'VA FALLOIR FAIRE GAFFE.

?

QU'EST-CE QU'IL PEUT SE PASSER ?

MAYURA...

"J'AI FAIT TELLEMENT D'EFFORTS POUR TOI, KYÔ."

ARGH !

BAM

JE ME LAISSE ATTEIN- DRE...

SALUT !

KAZUKI...

PLOOAH

NE T'INQUIÈTE PAS POUR CES MAARAS, ALICE !

D'ACCORD, MAIS L'AUTRE PROBLÈME, C'EST QUE JE SUIS NULLE EN SPORT.

EH BIEN ! C'EST PAS GAGNÉ POUR LE CLUB DE KYÛDÔ !

TU N'ARRIVERAS PAS À TIRER À L'ARC.

SNIF, TU CROIS ?

J'AI TOUJOURS FINI DERNIÈRE AUX JEUX DES FÊTES SPORTIVES.

ALLEZ, ALICE ! COURS !

MAYURA M'A TOUJOURS DIT QUE J'AVAIS DÛ OUBLIER MES NERFS MOTEURS DANS LE VENTRE DE MAMAN.

JE DOIS AVOIR UN PROBLÈME DE NERFS MOTEURS...

J'AI LE CHIC POUR TOMBER DE LA POUTRE.

76

MERCI À TOUS CEUX QUI SONT VENUS À LA SÉANCE DE DÉDICACES DU SUMMER FESTIVAL DE CET ÉTÉ ! J'AI LU TOUTES VOS LETTRES. J'AI LE TRAC TOUS LES ANS, SURTOUT QUAND JE DOIS DESSINER DEVANT TOUT LE MONDE !! ÇA ME FAIT SUER À GROSSES GOUTTES.

DE NOMBREUX GOODS SONT SORTIS. LA SÉRIE DE POSTERS DE "FUSHIYŌ" CONTINUE DE SORTIR. L'ILLUSTRATION UTILISÉE CETTE ANNÉE ÉTAIT PASSÉE EN TOUT PETIT DANS L'ARTBOOK, ALORS JE SUIS CONTENTE DE LA VOIR EN GRAND. À L'ORIGINE, C'ÉTAIT UNE ILLUSTRATION POUR UN CALENDRIER.

CÔTÉ MUSIQUE, RÉCEMMENT J'ÉCOUTE LA B.O. DE "HACK//SIGN".

JE N'AI VU QUE QUELQUES ÉPISODES À LA TÉLÉ. MAIS LA MUSIQUE EST VRAIMENT BIEN ! J'ACHÈTERAI LE 2ÈME ALBUM ! J'AI DU MAL À REGARDER RÉGULIÈREMENT DES SÉRIES. J'AI ENREGISTRÉ "JŪNIKOKU KI" ET "HOISSURU" POUR MON ASSISTANTE QUI N'A PAS LE CÂBLE. IL Y A DEUX ANS J'AI LU LES DEUX PREMIERS TOMES DE "JŪNIKOKU KI". L'ADAPTATION ANIMÉE EST ASSEZ DIFFÉRENTE MAIS C'EST TRÈS BIEN FAIT ! ÇA ME DONNE TROP ENVIE DE DESSINER SUR LE THÈME DE LA CHINE ! LE MANGA ORIGINAL DE "HOISSURU" EST BIEN AUSSI. LES PERSONNAGES SONT TRÈS CHARISMATIQUES. IL Y A DE BONNES SÉRIES PARMI LES "SHŌNEN". MA PRÉFÉRÉE EST "ATSHIN CHI".

C'EST TOUT POUR CETTE FOIS ! ON SE REVOIT AU 6 !

PETIT PRINCE !

PETIT PRINCE !

MAIS NON ! JE VIENS DE LIRE QUE L'HIRONDELLE ÉTAIT "LE PRINCE DES ANIMAUX DE COMPAGNIE".

C'EST MOI QUE TU APPELAIS ?

AH, TE VOILÀ !

HEIN ?!

LÀ, T'EN AS VRAIMENT TROP FAIT !

IL N'EST PLUS LÀ !! VOUS L'AVEZ MANGÉ ?!

JE L'AI ENVOYÉ VEILLER SUR ALICE ET KYÔ.

IL FAUDRAIT FAIRE RETROUVER SES ESPRITS À MAYURA...

...ET POUR ÇA, RÉUSSIR À S'INTRODUIRE DANS LE TOCHÔ.

S'IL ARRIVE QUELQUE CHOSE, JE LE SAURAI AUSSITÔT.

IL FAUT VEILLER PARTICULIÈREMENT SUR KYÔ.

MAYURA EST CAPABLE DE TOUT POUR METTRE LA MAIN SUR LUI.

QUOI ?! QUEL USAGE ?!

PARCE QUE C'EST D'USAGE.

HA !!

POURQUOI LUI SERVEZ-VOUS UN GÂTEAU ALORS QU'ON AVAIT UNE DISCUSSION SÉRIEUSE ?!

HOOAA

DANG-DONG... DANG-DONG...

ON Y VA, SÉNO ?

POF

...SINON IL VA ENCORE ME PARLER D'ATHLÉTISME.

JE VAIS VITE ALLER AU CLUB DE KYÛDÔ AVANT QUE LE PROF ME TROUVE...

HAARG

NYOZÉKA... VA M'ATTENDRE EN CLASSE...

BON COURAGE !

85

BON, CETTE FOIS, JE N'UTILISERAI PAS DE LOTIS.

"TU DOIS SÉPARER ALICE ET KYÔ." "TU POURRAS ME DEMANDER CE QUE TU VEUX."

...

MAIS AUJOURD'HUI, C'EST FICHU POUR LE KYÛDÔ...

MAIS POURQUOI ME REGARDE-T-IL COMME ÇA, DEPUIS CE MATIN ?

KAZUKI FAIT DONC PARTIE DU CLUB D'ATHLÉTISME.

J'ARRIVE.

SÉNO, PAR ICI !

TU N'ES PAS EN PAPIER !

C'EST SÛREMENT UNE RAFALE DE VENT QUI M'A POUSSÉE !

J'AI BEAU ESSAYER...

HOU HOU

HOOO.....

OÙ EST PASSÉE TA DÉTENTE DE TOUT À L'HEURE ?

...!!!

CE N'ÉTAIT PAS TRÈS GENTIL.

MAIS IL NE FALLAIT PAS QU'IL DÉCOUVRE MES VRAIES CAPACITÉS.

J'AI QUAND MÊME PROGRESSÉ.

LA MANAGER N'EST PAS LÀ AUJOURD'HUI, TU PEUX NOUS FILER UN COUP DE MAIN ?

BON ENFIN, J'AI COMPRIS.

BIEN SÛR !

CE CARACTÈRE...

C'EST UN MAARAM ?!

TU N'APPROCHERAS PLUS JAMAIS KYÔ DE TA JOLIE PETITE GUEULE.

CE SERA TA PUNITION POUR AVOIR BLESSÉ MAYURA !!

KAZUKI ?!

KYÔ !!

AU SECOURS !!

HIK !

TAC

* CLUB DE KYÛDÔ

NOOON !!

FLAP FLAP

KYÔ ?!

EMMÈNE-MOI LÀ-BAS !

TU SAIS OÙ EST ALICE ?!

99

DOM

C'EST PARCE QUE TU AS TRAHI MAYURA.

HH

OUH...

PLAF.

TODOM
TODOM
TODOM

ALICE...

J'AI DÉCOUVERT UN TRUC INTÉRESSANT DANS LA RÉSERVE.

VOUS DEVRIEZ VENIR VOIR.

AH, KAZUKI !

ZASH

OÙ T'ÉTAIS PASSÉ ? LE PROF TE CHERCHE !

110

FREY...

MOI AUSSI J'AURAIS PU VOIR ALICE EN SOUS-VÊTEMENTS !!

BON SANG ! SI SEULEMENT J'AVAIS ÉTÉ LÀ !!

SON CŒUR A DÉJÀ ÉTÉ AVALÉ PAR UN MAARA. ET MAYURA LUI A APPOSÉ UN MAARAM.

CE KAZUKI POSE UN PROBLÈME.

SPAF!

BONG

ET ALICE ?

ELLE SE REPOSE DANS SA CHAMBRE.

ÇA A ÉTÉ UN CHOC POUR ELLE.

C'EST COMME AVEC L'ONCLE DE KYÔ.

ZOUP

MAYURA S'EN PREND À VOS PROCHES POUR VOUS FAIRE SOUFFRIR.

117

OUI, MAIS KYÔ EST TOUT SEUL.

JE CROYAIS QUE TU NE VOULAIS PAS ALLER À L'ÉCOLE !

COMME IL DOIT ÊTRE DÉPRIMÉ...

SON AMI EST DEVENU SON ENNEMI.

AÏE !

SHOP

IL PARAÎT QUE T'ES UNE FILLE FACILE...

HÉ !

CE SERAIT PAS ALICE SÉNO DONT TOUT LE MONDE PARLE ?

OUI.

MAIS D'APRÈS CE QUI SE DIT, ELLE ÉTAIT DÉVÊTUE !

* BUREAU DU RESPONSABLE DISCIPLINAIRE

生活指導室

VOUS DITES QUE TOUS LES DEUX, VOUS N'AVEZ RIEN FAIT ?

NOUS N'AVONS ABSOLUMENT RIEN FAIT !

ALLEZ, RACONTE-NOUS !

TU POURRAIS NOUS EN REFILER AU MOINS UNE !

ALORS, WAKAMIYA ? ÇA FAIT QUOI DE NE PLUS ÊTRE POPULAIRE ? TU AVAIS DONC PRÉVU DE TE FAIRE LES DEUX FRANGINES ?

EXCUSEZ-MOI.

OH.

CLAC

ZOU!

ON Y VA !

SHOW

JE SUIS ALICE SÉNO, DE SECONDE C.

JE DÉSIRE M'INSCRIRE AU CLUB DE KYÛDÔ !!

MAIS... CETTE FILLE, LÀ...

...MAIS JE SUIS PRÊTE À L'AFFRONTER !!

MA SŒUR A FAIT DES CHOSES HORRIBLES...

!

LE PETIT COURS DE LOTIS

MOT N°8

 DANA

"DANA" !!

C'EST LE 3ÈME LOTIS. IL CONTIENT LE SENS DE "BIENFAIT" ET "EAU". FREY L'A UTILISÉ DANS L'INNER HEART D'ÔISHI. IL PEUT AUSSI ÊTRE UTILISÉ POUR ATTAQUER OU POUR SE PROTÉGER.

MOT N°9

"RADJE" !!

RADJE

FREY EST CAPABLE DE L'UTILISER. C'EST LE 17ÈME LOTIS QUI CONTIENT LES SENS DE "LUMIÈRE" ET "SOLEIL". FREY L'A UTILISÉ POUR REPOUSSER MAYURA APPARUE DANS LES TÉNÈBRES.

ELLE ÉTAIT SI FAIBLE ? ET KYÔ...

COMMENT EST-CE POSSIBLE ?

POURQUOI LES TÉNÈBRES NE PEUVENT-ELLES ATTEINDRE CES DEUX-LÀ ?!

VOUS LES SOUS-ESTIMEZ, MAÎTRE MAYURA.

GNNN

JE REFUSE DE PERDRE FACE À CES DEUX-LÀ !!

DE NOUVEAUX MASTERS VONT ARRIVER ?

ILS S'EXPLI-QUERONT EUX-MÊMES.

BON, ET DE VOTRE CÔTÉ, QUELS NOUVEAUX LOTIS AVEZ-VOUS APPRIS ?

QUELS PROBLÈMES ?

À CAUSE DE PROBLÈMES DANS LEUR SANCTUAIRE, ILS ONT PRIS UN PEU DE RETARD.

DEUX M'ONT CONTACTÉE AUJOUR-D'HUI.

POURQUOI VEUX-TU LEUR APPRENDRE LES LOTIS, SOUDAINEMENT ?

COMMENT ÇA ?!

TOI, T'ES VRAIMENT UN DROGUÉ DU SUCRÉ !

DÉSOLÉ, FREY... TU AVAIS UNE ODEUR SUCRÉE.

IL AVAIT DE LA CONFITURE SUR LA MAIN !

TU SAIS QUE LES LOTIS ENSEIGNÉS PAR D'AUTRES N'ONT PAS DE SENS !

LES LOTIS DOIVENT EFFECTIVEMENT ÊTRE RESSENTIS UN PAR UN AVANT D'ÊTRE MAÎTRISÉS.

MAIS IL FAUT QUE NOS DEUX AMIS RETROUVENT RAPIDEMENT LES LOST WORDS.

LA SITUATION NOUS POUSSE À FORCER LES CHOSES.

BONJOUR LA BONNE AMBIANCE !

DE FAÇON NORMALE OU PAS...

...IL FAUT VITE QU'ILS ACQUIÈRENT TOUS LES LOTIS.

EN PLUS, CHRIS M'A DONNÉ DES LOTIS À APPRENDRE.

...JE SAIS QUE J'AI ÉTÉ DURE AVEC TOI.

EH BIEN...

C'EST QUOI ÇA ? DES SYMBOLES ?

Ô... ÔISHI ?!

BAM BAM !!

OUI... QU'EST-CE QUE TU VEUX ?

MAIS TU AS BEAUCOUP CHANGÉ. TU T'ES INSCRITE EN KYÛDÔ, IL PARAÎT.

HEIN ?

MAIS NE TE PRÉOCCUPE PAS DE CE QUE DISENT LES AUTRES.

WAKAMIYA A ÉTÉ CLAIR. ILS DEVRONT S'Y FAIRE.

AVANT, TU ÉTAIS TOUJOURS EFFACÉE.

ÇA DEVAIT ÊTRE PÉNIBLE DE VIVRE DANS L'OMBRE DE TA SŒUR.

"SHINI"

MAYURA !!

"RIIYA" !!

ALICE !

"DAARA" !!

J'ÉTOUF-FE !

KYAA !

ALORS JE VAIS...

SI TU DISPARAIS, KYÔ ME REJOINDRA DANS LES TÉNÈBRES.

P'LAT

"SHIBI"...

ZWIK ...

ZWIK ...

TU PEUX ESSAYER TOUS LES LOTIS QUE TU VEUX !

TU NE RÉSISTERAS PAS À MES MAARAMS.

148

164

168

SI SEULEMENT NOUS AVIONS PU VENIR PLUS TÔT.

NOS SANCTUAIRES NE NOUS ONT PAS LAISSÉS PARTIR.

DANS TOUS LES SANCTUAIRES, DES GUIDES SACRÉS ONT COMMENCÉ À ÊTRE DÉVORÉS PAR DES MAARAS...

MOI, C'EST BILLY MAC DOWELL.

PAI MEI-LIN !!

ET POURQUOI ÇA, EUH, OPPAI MEI-LIN ?

"OPPAI" SIGNIFIE "POITRINE" EN JAPONAIS.

C'EST UNE CONSÉQUENCE DU POUVOIR DE DARVA ICI, AU JAPON.

171

...ALORS, IL CHERCHE UN NOUVEL HÔTE DONT LE CŒUR EST SOMBRE.

UNE FOIS DEVENU ASSEZ PUISSANT, IL N'A PLUS BESOIN DE SON HÔTE HUMAIN...

MAIS POUR DARVA, LE CŒUR NE SUFFIT PAS. IL LUI FAUT DE LA CHAIR ET DU SANG.

D'APRÈS CE QU'ON SAIT DES BATAILLES PRÉCÉDENTES...

...LES MAARAM MASTERS VIVENT DE L'ÉNERGIE ENGENDRÉE PAR LES MAARAS "DÉVORANT" LES CŒURS.

NOOON !

...AFIN DE NOUS FAIRE SOUFFRIR !

ALICE... JE T'AVAIS DIT QUE MAYURA AVAIT ÉTÉ CHOISIE...

CHOP

WAKA-
MIYA !

BLLL

NOUS
DEVONS
BATTRE
DARVA, ET...

NON !

TU ES
ENCORE
TROP
FAIBLE. TU
DOIS TE
REPOSER.

• • •

ALLEZ,
VIENS.

BAISSE LE SON !

PAF

HIC!

DÉSOLÉE, C'EST MON PORTABLE.

ALLÔ, OUI ?

PAPA ?

ET SI ELLE NE REVENAIT PAS, CETTE FOIS ENCORE ?

TU NE SAIS PAS OÙ A PU ALLER MAYURA ?

ON A POURTANT FAIT ATTENTION...

ELLE N'EST PAS ENCORE RENTRÉE.

178

MERCI, FREY.

ET NOUS NE SOMMES QUE QUELQUES GUIDES SACRÉS...

KYÔ ET TOI NE MAÎTRISEZ TOUJOURS PAS LES 24 LOTIS !!

MAIS J'AI PRIS MA DÉCISION. JE VAIS ME BATTRE !

ALICE...

SI TU T'ES DÉCIDÉE, NOUS N'AVONS PLUS QU'À SUIVRE.

TU AS UN PENCHANT POUR LES TÉNÈBRES, FAIS ATTENTION.

TANT QUE TU N'AURAS PAS LEVÉ CE SORT, TU NE POURRAS PAS ÊTRE AVEC LA FILLE QUE TU AIMES.

OOPS!

IL SIGNIFIE "VÉRITÉ".

J'AI UTILISÉ LE 2ÈME LOTIS "PAASA".

HN ?

COMMENT AS-TU COMPRIS ?

BLAM

ALICE...

WAKAMIYA...

JE M'EN DOUTAIS...

QUOI ?

MÊME SI NOUS NE MAÎTRISONS PAS ENCORE TOUS LES LOTIS...

...NOUS AVONS PLUS DE SENTIMENTS POUR MA SŒUR QUE N'IMPORTE QUI !!

JE VEUX ME BATTRE AVEC TOI !

NOUS GAGNERONS... ET NOUS T'ENLÈVERONS CE MAARAM.

PARCE QU'IL Y A DES CHOSES QUE J'AI ENVIE DE TE DIRE !

ALICE...

OUI, SALON DE THÉ DU LOTUS.

KYÔ, C'EST TOI ?

OUI... SALUT.

NON. PAS DANS LES DÉTAILS... J'ÉTAIS SEULEMENT À L'ENTERREMENT.

POURQUOI APPELLES-TU SI TÔT ?

EH BIEN, AVEC FREY, ILS NE REVIENDRONT PAS AU SALON POUR L'INSTANT.

C'ÉTAIT KYÔ ? RACONTE !

AH... D'ACCORD... EST-CE QUE ÇA VA ?

RRRRR

RRRR

RRRRR

RRRRR

MUR-
MURE

BIP

JE CRAIGNAIS BIEN QU'IL NE SACHE RIEN.

WAKA-MIYA ?

C'EST BIZARRE, CE QU'IL M'A DEMANDÉ.

"EST-CE QUE TU SAIS EXACTEMENT COMMENT PAPA EST MORT ?"

ÇA VA... CE N'EST RIEN...

"QU'ATTENDS-TU POUR NOUS REJOINDRE DANS LES TÉNÈBRES ?"

LUI... N'EN A PLUS AUCUN SOUVENIR...

ALICE 19th

©2002, by Watase Yuu
Original japanese edition published in 2002
by SHOGAKUKAN Inc., Tôkyô.
French translation rights arranged by
SHOGAKUKAN Inc. through The Kashima Agency.

- Edition française -
Traduction : Flora Huynh
Adaptation graphique & lettrage : V. Léone & Bakayaro!

©2004, Editions GLÉNAT
BP 177, 38008 GRENOBLE Cedex.
ISBN : 978-2-7234-4700-3
ISSN : 1253.1928
Dépôt légal : mars 2004

Achevé d'imprimer en France
en Février 2007 par Maury-Eurolivres